Patrick Conrad

Protokolle und Dienste der TCP/IP-Suite

GRIN Verlag

Bibliografische Information der Deutschen Nationalbibliothek:

Die Deutsche Bibliothek verzeichnet diese Publikation in der Deutschen National-
bibliografie; detaillierte bibliografische Daten sind im Internet über http://dnb.d-
nb.de/ abrufbar.

Impressum:

Copyright © 2009 GRIN Verlag GmbH
Druck und Bindung: Books on Demand GmbH, Norderstedt Germany
ISBN: 978-3-640-36556-2

Dieses Buch bei GRIN:

http://www.grin.com/de/e-book/129837/protokolle-und-dienste-der-tcp-ip-suite

GRIN - Your knowledge has value

Der GRIN Verlag publiziert seit 1998 wissenschaftliche Arbeiten von Studenten, Hochschullehrern und anderen Akademikern als eBook und gedrucktes Buch. Die Verlagswebsite www.grin.com ist die ideale Plattform zur Veröffentlichung von Hausarbeiten, Abschlussarbeiten, wissenschaftlichen Aufsätzen, Dissertationen und Fachbüchern.

Besuchen Sie uns im Internet:

http://www.grin.com/

http://www.facebook.com/grincom

http://www.twitter.com/grin_com

Protokolle und Dienste der TCP/IP-Suite

Inhaltsverzeichnis

Abbildungsverzeichnis

1 Aufbau von Schichtenmodellen

Zur Abbildung des komplexen Zusammenwirkens von Hard- und Software bei der Kommunikation in Computernetzwerken werden Schichtenmodelle verwendet. Eine Schicht bietet der jeweils höheren Schicht Dienste an und nutzt Dienste der direkt unter ihr liegenden Schicht.

Mit Diensten wird definiert, **was** die Schicht macht. Ein Dienst ist die Gesamtheit von Operationen bzw. Methoden, die eine Schicht insgesamt zur Verfügung stellt. Typische Dienstoperationen sind Anfrage (Request), Anzeige (Indication), Antwort (Response) und Bestätigung (Confirm). In Abbildung 1 ist für den Dienst N-Connect dargestellt, wie diese 4 Dienstoperationen zwei Dienstbenutzern zur Verfügung gestellt werden. Jede Schicht hat Schnittstellen (Service Access Points), über die auf den Dienst zugegriffen werden kann.

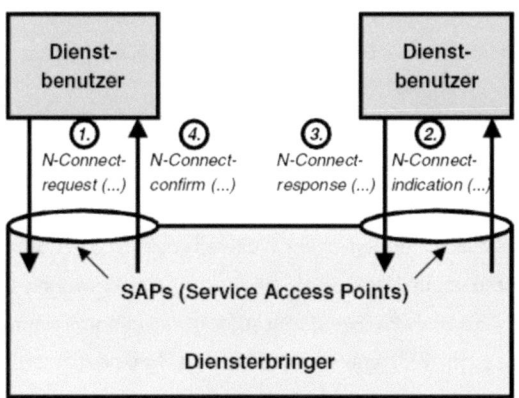

Abbildung 1: Dienstoperationen für den Dienst N-Connect
(Quelle: Scherff, 2006, S. 69)

Der Zugriff erfolgt von der auf gleicher Ebene korrespondierenden Schicht (Peer) eines anderen Computers im Netzwerk durch das Ausführen von Protokollen. Ein Protokoll beschreibt, **wie** die Kommunikation und der Datenaustausch zwischen Peers erfolgen. Protokolle sind Verhaltenskonventionen, die z. B. die zeitliche Abfolge der Interaktionen vorschreiben und die Formate und Codierung der auszutauschenden Daten definieren (vgl. Tanenbaum, 2000, S. 33-45).

In Abbildung 2 ist die indirekte Kommunikation von Schichten gleicher Ebene auf unterschiedlichen Computern dargestellt, indem über Protokolle die Dienste aller untergeordneten Schichten genutzt werden.

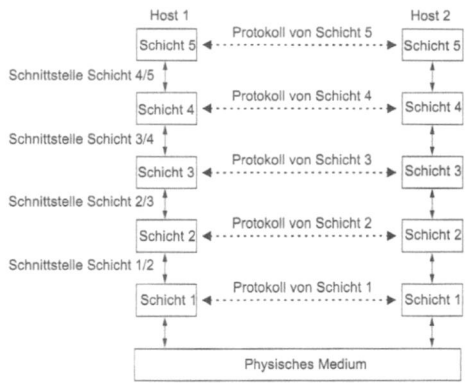

Abbildung 2: Schichten, Protokolle, Schnittstellen
(Quelle: Tanenbaum, 2000, S. 34)

2 Referenzmodelle

Referenzmodelle dienen als Schablone bzw. Designgrundlage für Netzwerkarchitekturen, um die Kommunikation zwischen verschiedenen Netzwerkgeräten unterschiedlicher Hersteller zu ermöglichen. Weit verbreitet ist das aus 7 Schichten bestehende OSI-Referenzmodell, das Ende der 70er Jahre entworfen und 1983 von der International Organization for Standardization (ISO) genormt wurde (vgl. Badach & Hoffmann, 2007, S. 16, 17; Kersken, 2008, S. 173; Tanenbaum, 2000, S. 45).

Bereits 1974 wurde von der Defense Advanced Research Projects Agency (DARPA), einer Behörde des US-Verteidigungsministeriums (DoD), ein 4-Schichten-Modell veröffentlicht, das die Referenzarchitektur für das Forschungsnetz ARPANET darstellte und 1983 als militärischer Standard übernommen wurde. Aus dem ehemaligen Forschungsnetzwerk wurde das heutige Internet. Die Protokolle des DoD-Referenzmodells heißen dementsprechend Internetprotokollfamilie.

Im DoD-Referenzmodell spielen die Schichten Netzwerkschicht mit dem Protokoll IP (Internet Protocol) und Transportschicht mit dem Protokoll TCP (Transmission Control Protocol) eine dominierende Rolle. Deswegen wird diese Protokollfamilie häufig als TCP/IP-Protokoll-Suite bezeichnet (vgl. Badach & Hoffmann, 2007, S. 22; Hunt, 2003, S. 2; Tanenbaum, 2000, S. 52, 53).

Bei der Gegenüberstellung der einzelnen Schichten im OSI- und TCP/IP-Referenzmodell gemäß Abbildung 3 fällt auf, dass Schicht 1 und 2 des OSI-Modells zur Netzwerkschicht verschmolzen sind. Außerdem fehlen die Schichten 6 und 7 im TCP/IP-Modell völlig bzw. sind nach Aussage von Badach und Hoffmann (2007, S. 20) „die oberen anwendungsorientierten Schichten 5, 6 und 7 aus dem OSI-Referenzmodell beim Schichtenmodell für TCP/IP zu einer Anwendungsschicht [Verarbeitungsschicht] zusammengefasst. […] Dies deutet darauf hin, dass die bestimmten Funktionen, die den Schichten 5 und 6 im OSI-Referenzmodell zugeordnet werden, in den TCP/IP-Applikationen entsprechend realisiert werden müssen."

	OSI-Modell	TCP/IP-Modell
7	Verarbeitung	Verarbeitung
6	Darstellung	
5	Sitzung	
4	Transport	Transport
3	Vermittlung	Internet
2	Sicherung	Netzwerk
1	Bitübertragung	

Abbildung 3: Schichtenaufbau im OSI- und TCP/IP-Modell
(Leicht verändert aus: Tanenbaum, 2000, S. 54)

3   Schichten im TCP/IP-Referenzmodell

In der Literatur (vgl. Holtkamp, 2002, S. 13; Scherff, 2006, S. 86-88; Tanenbaum, 2000, S. 53-55) werden die 4 Schichten des TCP/IP-Referenz-modells wie folgt beschrieben:

3.1   Verarbeitungsschicht

Sie enthält zahlreiche Protokolle, mit denen Anwendungsprozesse auf das Internet und seine Kommunikationsdienste zugreifen können. In ihr sind auch Funktionen zur Datendarstellung und zur Kommunikationssteuerung (Sitzungssteuerung) enthalten.

3.2 Transportschicht

Sie ermöglicht eine sichere (zuverlässige) Verbindung zwischen zwei Anwendungsprozessen, die sich in zwei entfernten Endsystemen befinden. Hierzu gehören Aufgaben der logischen Verbindungsrealisierung, der Flusssteuerung und der Erhaltung der Sequenzreihenfolge der von IP einzeln durch das Internet geleiteten Datenpakete. Alternativ ist eine verbindungslose Paketübermittlung möglich.

3.3 Internetschicht

Sie hat die Aufgabe, einzelne Datenpakete von einem sendenden Endsystem aus über die verschiedenen Subnetze des Internets zum empfangenden Endsystem zu leiten. Zu diesem Zweck enthält sie neben dem IP-Protokoll auch noch weitere Protokolle zum Finden des „besten" Weges (Routing), zum Umsetzen von IP-Adressen in MAC-Adressen (Hardwareadressen) und zu weiteren Steuerungsaufgaben.

3.4 Netzwerkschicht

Ihre zentralen Aufgaben sind die physikalische Bitübertragung, die Steuerung des Netzzugriffs und die Realisierung zuverlässiger physischer Verbindungen zwischen zwei benachbarten Systemen.

4 TCP/IP-Protokoll-Suite

Eine Betrachtung der Protokolle und Dienste der TCP/IP-Suite ist nicht eindeutig möglich, da nicht konsequent zwischen den Konzepten „Dienst", „Schnittstelle" und „Protokoll" unterschieden wird. Außerdem ist die Netzwerkschicht keine Schicht im eigentlichen Sinn, sondern vielmehr eine Schnittstelle zwischen den Netz- und den Sicherungsschichten (vgl. Tanenbaum, 2000, S. 61). Deshalb werden in der Folge die Protokolle der Internet-, Transport- und Verarbeitungsschicht ohne deutliche Differenzierung von Dienst und Protokoll aufgeführt und kurz beschrieben.

Einen Überblick über die wichtigsten Protokolle dieser 3 Schichten des TCP/IP-Referenzmodells zeigt Abbildung 4.

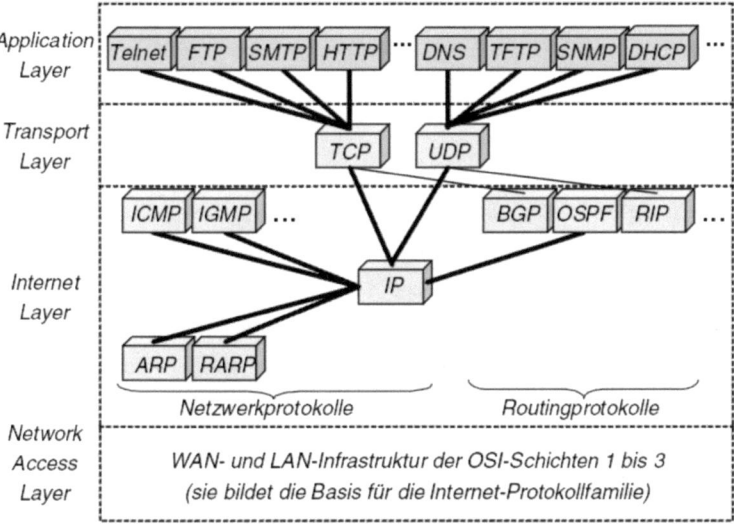

Abbildung 4: Protokoll-Suite im TCP/IP-Referenzmodel
(Quelle: Scherff, 2006, S. 91)

4.1 Internetprotokolle

Die Internetprotokolle setzen auf der Netzwerkschicht auf, die die technische Infrastruktur realisiert. Die Internetschicht enthält Netzwerk- und Routing-Protokolle.

Netzwerkprotokolle leiten Datenpakete von einem Quellsystem zu einem Zielsystem weiter. IP (Internet Protocol) ist hierbei das zentrale Protokoll, von dem alles abhängt. Zur Umwandlung der logischen IP-Adressen in physische MAC-Adressen (Hardwareadressen) benutzt es ARP (Address Resolution Protocol). RARP (Reverse Address Resolution Protocol) führt die umgekehrte Zuordnung durch (bei plattenlosen Clients). ICMP (Internet Control Message Protocol) tauscht Fehlermeldungen und Steuernachrichten zwischen Routern und Endsystemen aus. IGMP (Internet Group Management Protocol) verwaltet Multicast-Gruppen (für Multimedia-Streaming).

Routing-Protokolle bestimmen auf der Basis eines implementierten Routing-Algorithmus die „optimale" Route (den besten Weg) für Datenpakete vom Sender zum Empfänger. Die verbreitetsten Routing-Protokolle sind OSPF (Open Shortest

Path First) sowie RIP (Routing Information Protocol) und BGP (Border Gateway Protocol), die über UDP bzw. TCP laufen (vgl. Scherff, 2006, S. 90, 91).

4.1.1 Internet Protocol (IP)

IP ist ein verbindungsloses Protokoll, d. h., zur Datenübertragung wird keine Ende-zu-Ende Verbindung der Kommunikationspartner etabliert. Ferner ist IP ein unzuverlässiges Protokoll; es kann die Zustellung der Daten nicht garantieren, da es über keine Mechanismen zur Fehlererkennung und - behebung verfügt. Während der Übertragung können somit Datenpakete verloren gehen oder außerhalb der gesendeten Reihenfolge ankommen, da sie unter Umständen über verschiedene Wege geleitet werden.

Die beiden elementaren Funktionen des Internet-Protokolls sind:

1. die Adressierung von Zwischen- und Endsystemen anhand der im IP-Header übertragenen IP-Adressen,

2. die Fragmentierung und Reassemblierung langer Nachrichten mithilfe der im IP-Header enthaltenen Fragmentierungsinformationen (Scherff, 2006, S. 321, 322).

4.2 Transportprotokolle

In der Transportschicht befinden sich die Protokolle für die Unterstützung der verbindungsorientierten und der verbindungslosen Kommunikation sowie andere spezielle Protokolle. Die beiden wichtigsten Protokolle sind das Transmission Control Protocol (TCP) und das User Datagram Protocol (UDP).

4.2.1 Transmission Control Protocol (TCP)

Mit diesem Protokoll wird zwischen zwei Rechnern eine virtuelle Verbindung aufgebaut, die als „Straße" mit zwei entgegengerichteten Spuren angesehen werden kann. TCP ist ein zuverlässiges verbindungsorientiertes Protokoll, durch das ein Bytestrom von einer Maschine fehlerfrei im Internet einer anderen Maschine zugestellt wird. Es zerlegt den eingebenden Bytestrom in einzelne Nachrichten und leitet sie an die Internet-Schicht weiter. Am Ziel werden sie vom empfangenden TCP-Prozess wieder zu einem Ausgabestrom zusammengesetzt. TCP handhabt auch die Flusssteuerung, um sicherzustellen, dass ein langsamer Empfänger nicht von einem schnellen Sender mit Nachrichten überschwemmt wird.

4.2.2 User Datagram Protocol (UDP)

Mit UDP wird die verbindungslose Kommunikation zwischen Rechnern unterstützt, bei der keine virtuelle Verbindung aufgebaut wird. UDP ist ein unzuverlässiges verbindungsloses Protokoll für Anwendungen, die anstelle der Abfolge oder Flusskontrolle von TCP diese Aufgaben lieber selbst bereitstellen. Dieses Protokoll wird vorwiegend für einmalige Abfragen und Anwendungen in Client/Server-Umgebungen benutzt, in denen die Schnelligkeit der Zustellung wichtiger ist als ihre Genauigkeit, z. B. die Übertragung von Sprache oder Video (vgl. Badach & Hoffmann, 2007, S. 33, 34; Tanenbaum, 2000, S. 54).

4.3 Anwendungsprotokolle

In der Anwendungsschicht werden verschiedene Funktionskomponenten angesiedelt. Dabei wird u. a. nach Anwendungs- und Netzdienstprotokollen unterschieden. Mit einem Anwendungsprotokoll lässt sich eine bestimmte Anwendung realisieren (z. B. FTP); mit einem Netzdienstprotokoll wird ein bestimmter Netzdienst erbracht (z. B. DHCP).

Je nachdem, ob ein Protokoll der Anwendungsschicht das verbindungsorientierte Transportprotokoll TCP oder das verbindungslose UDP verwendet, lassen sich die Protokolle der Anwendungsschicht als verbindungsorientiert, verbindungslos bzw. gemischt klassifizieren.

Verbindungsorientierte Anwendungsprotokolle, die auf TCP aufbauen, sind:

- Telnet (Telecommunications Network Protocol): „Urvater" der anwendungsbezogenen TCP/IP-Protokolle; Protokoll, mit dem sich ein Anwender in einer interaktiven Sitzung auf einem entfernten Computer einloggen kann,
- FTP (File Transfer Protocol): dient zur Übermittlung von Dateien zwischen zwei über ein IP-Netz verbundenen Rechnern; auch über qualitativ schlechte Verbindungen möglich,
- SMTP (Simple Mail Transfer Protocol): zur Übermittlung von E-Mails,

- POP (Post Office Protocol): zum Abruf von E-Mails,
- HTTP (Hypertext Transfer Protocol): sorgt für die Datenübermittlung zwischen Web-Browser und Web-Server.

Verbindungslose Anwendungsprotokolle, die auf UDP aufsetzen, sind:

- TFTP (Trivial File Transfer Protocol): zum Sichern und Laden von System- und Konfigurationsdateien (z. B. für Router),
- SNMP (Simple Network Management Protocol): ermöglicht die Abfrage der Zustände von Netzwerkkomponenten und liegt dem Netzwerkmanagement zugrunde
- ICP (Internet Cache Protocol): Protokoll, nach dem Web-Caching-Systeme im Internet kooperieren.

Verbindungslose Netzdienstprotokolle sind u. a.:

- DHCP (Dynamic Host Configuration Protocol): zur dynamischen Vergabe und Zuweisung von IP-Adressen
- LDAP (Lightweight Directory Access Protocol): zur Realisierung verteilter Verzeichnisdienste mit Datenbankabfrage
- RIP (Routing Information Protocol): dient als internes Routing-Protokoll vornehmlich in kleineren IP-Netzen.

Das wohl wichtigste Protokoll im Internet ist DNS (Domain Name System), das sowohl TCP als auch UDP nutzt und daher ein gemischtes Netzdienstprotokoll ist. DNS dient zur Umwandlung von Hostnamen in IP-Adressen. (vgl. Badach & Hoffmann, 2007, S. 34-37; Scherff, 2006, S. 92)

5 Zukunft von TCP/IP

„Der Klebstoff, der das Internet zusammenhält, ist das TCP/IP-Referenzmodell mit dem TCP/IP-Protokollstapel." (Tanenbaum, 2000, S. 71) Die Zukunft der TCP/IP-Protokollfamilie ist demnach unmittelbar mit der künftigen Entwicklung des Internets verbunden.

Die Anzahl der mit dem Internet verbundenen Hosts nimmt stetig zu und eine Trendwende ist vorerst nicht zu erwarten. Abbildung 5 zeigt diese Entwicklung gemäß einer statistischen Erhebung des Internet Systems Consortiums (ISC) über die im Domain Name Service (DNS) des Internets registrierten Hosts.

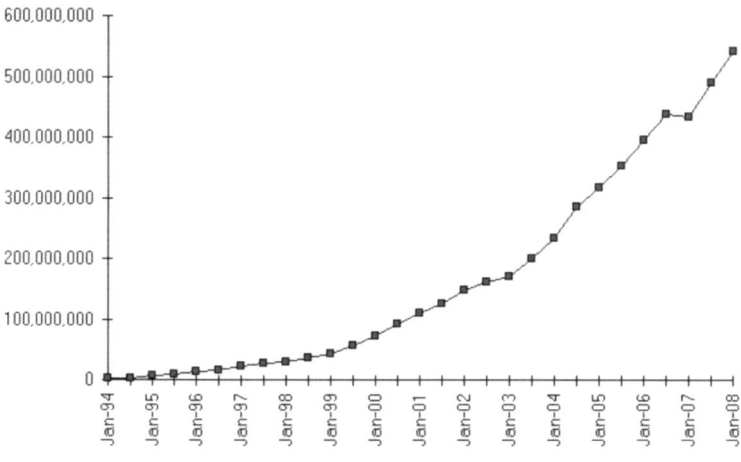

Abbildung 5: Entwicklung der Anzahl von Internet-Hosts
(Quelle: http://ftp.isc.org/www/survey/reports/hosts.png)

Gegenwärtig bildet die TCP/IP-Protokoll-Suite das Fundament des Internets und lo-
kaler IP-Netzwerke. Das Verstehen der grundlegenden Kommunikationstechnologien
dieser Protokolle ist daher zeitgemäß und trägt zu einem sicheren und effizienten
Datenverkehr bei.

Literaturverzeichnis

Badach, A., & Hoffmann, E. (2007). *Technik der IP-Netze* (2. Ausg.).
    München: Hanser.

Holtkamp, H. (2002). *Einführung in TCP/IP*. Abgerufen am 06. 01 2009 von
    http://www.rvs.uni-bielefeld.de/~heiko/tcpip/tcpip.pdf

Hunt, C. (2003). *TCP/IP-Netzwerk-Administration* (3. Ausg.). Köln: O`Reilly.

Kersken, S. (2008). *IT-Handbuch für Fachinformatiker*. Bonn: Galileo Press.

Scherff, J. (2006). *Grundkurs Computernetze*. Wiesbaden: Vieweg.

Tanenbaum, A. S. (2000). *Computernetzwerke* (3. Ausg.). München: Pearson Studium.